EXPOSÉ

DES

TITRES ET TRAVAUX

DE

M. LE DR LEGAY

ANCIEN INTERNE DES HOPITAUX DE LILLE
ANCIEN CHEF DU LABORATOIRE D'ANATOMIE PATHOLOGIQUE
ET D'HISTOLOGIE DE LA FACULTÉ
LAURÉAT DE LA FACULTÉ DE MÉDECINE
LAURÉAT DE L'ACADÉMIE DE MÉDECINE

A L'APPUI

DE SA CANDIDATURE A L'AGRÉGATION

(Section de Pathologie interne et de Médecine légale)

— ❖ —

PARIS

TYPOGRAPHIE CHAMEROT ET RENOUARD

19, RUE DES SAINTS-PÈRES, 19

—

1892

EXPOSÉ

DES

TITRES ET TRAVAUX

DE

M. LE DR LEGAY

ANCIEN INTERNE DES HOPITAUX DE LILLE

ANCIEN CHEF DU LABORATOIRE D'ANATOMIE PATHOLOGIQUE

ET D'HISTOLOGIE DE LA FACULTÉ

LAURÉAT DE LA FACULTÉ DE MÉDECINE

LAURÉAT DE L'ACADÉMIE DE MÉDECINE

A L'APPUI

DE SA CANDIDATURE A L'AGRÉGATION

Section de Pathologie interne et de Médecine légale

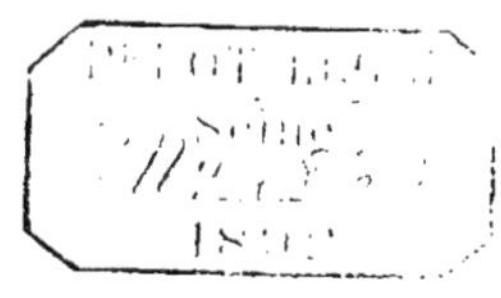

PARIS

TYPOGRAPHIE CHAMEROT ET RENOUARD

19, RUE DES SAINTS-PÈRES, 19

—

1892

TITRES SCIENTIFIQUES

Ancien interne des hôpitaux de Lille (années 1882-1883-1884).

Préparateur au laboratoire d'histologie de la Faculté (1881-1885).

Chef des travaux d'anatomie pathologique et d'histologie à la Faculté (1885-1891).

Conférences d'histologie normale et pathologique, faites à la Faculté de médecine pendant les années 1885-1886-1887-1888-1889-1890-1891.

(Conférences annexes aux cours de MM. les professeurs Tourneux et Hermann.)

Docteur en médecine, 1884.

Lauréat de la Faculté, 1884.

Lauréat de l'Académie de médecine (Prix Godard, 1885).

(Pour un mémoire publié en collaboration avec M. le professeur Tourneux sur le développement de l'utérus et du vagin chez le fœtus humain.)

TRAVAUX SCIENTIFIQUES

Conférences d'histologie normale et pathologique, faites à la Faculté de médecine (1885-1891).

En 1885, après avoir rempli les fonctions de préparateur d'histologie normale et pathologique, pendant les années 1881 à 1885, nous fûmes investi des fonctions de chef des travaux d'histologie normale et pathologique, et, comme tel, chargé par MM. les professeurs TOURNEUX et HERMANN, de conférences complémentaires sur les sujets non traités au cours professoral.

Contribution à l'étude de l'histologie normale de la muqueuse gingivale. Des épulis.

(*Bulletin scientifique du Nord, 1882.*)

Étude sur l'arthrite scrofuleuse et fongueuse des vertèbres cervicales et la myélite aiguë consécutive.

(Société de médecine du Nord, 26 octobre 1883.)

Note sur le développement de l'utérus et du vagin et particulièrement du museau de tanche.

(Communication à la Société de Biologie, par M. le professeur TOURNEUX et LEGAY, 26 janvier 1884.)

Développement de l'utérus jusqu'à la naissance.

Thèse de doctorat, 1884.

Médaille d'or de la Faculté de médecine de Lille.

Leçons sur le développement et l'histologie normale du tissu osseux, par M. le professeur TOURNEUX, recueillies par le docteur LEGAY, préparateur du cours d'histologie. Cours de l'année 1884-1885.

(*Bulletin scientifique du Nord,* 1885.)

Mémoire sur le développement de l'utérus et du vagin envisagé principalement chez le fœtus humain.

En collaboration avec M. le professeur TOURNEUX. — Travail du laboratoire d'histologie de la Faculté de médecine de Lille. — *Journal de l'anatomie et de la physiologie,* juin-juillet 1885.)

Sur un cas d'uréthrite non blennorrhagique compliquée d'épididymite.

En collaboration avec le docteur LEGRAIN (*Annales des maladies des organes génito-urinaires,* octobre 1891).

Contribution à l'étude du muguet sous-glottique.

En collaboration avec le docteur LEGRAIN (*Archives de médecine,* 1892).

Il est un fait connu depuis longtemps, que dans bon nombre de gingivites, l'alvéole dentaire se nécrose et la dent tombe. C'est un fait habituel dans la gingivite du diabète, du scorbut, etc. Ce phénomène pathologique tient à la texture spéciale du chorion de la muqueuse de la gencive, et à la continuité histologique du derme et du périoste qui ne constituent à ce niveau qu'une seule et même membrane. Nos recherches ont eu pour but de préciser l'état de nos connaissances sur ce point intéressant d'anatomie. En effet, si l'on étudie une coupe de cette muqueuse perpendiculaire à l'alvéole, on constate qu'il existe en ce point une membrane unique. formée de tissu conjonctif très dense, peu riche en cellules et en vaisseaux et interposée entre l'épithélium pavimenteux stratifié de la gencive et la paroi osseuse de l'alvéole. Aussi on comprend très bien que l'inflammation de la gencive se transmet aisément à la fine couche osseuse alvéolaire, de même que la carie du rocher est le résultat de la propagation facile de l'inflammation de la muqueuse, qui recouvre immédiatement le tisseux osseux. Au niveau de la terminaison brusque de l'épithélium contre la dent, dans cette mince membrane fibreuse unique, qui constitue à la fois le derme de la muqueuse et le périoste alvéolo-dentaire, on trouve parfois quelques cellules épithéliales égarées, qui, dans certaines circonstances, peuvent proliférer et être le point de départ d'une épulis (épithélioma gingival).

Dans certains cas, au contraire, et à ce niveau, tous les éléments constituant le derme s'hyperplasient et donnent naissance à des épulis d'origine conjonctive, qui n'ont aucune gravité et aucune tendance à la généralisation, comme les épithéliomas précédents.

Étude sur l'arthrite scrofuleuse et fongueuse des vertèbres cervicales et la myélite aiguë consécutive.

(*Société de médecine du Nord*, 26 octobre 1883.)

Cette étude est basée sur une observation, prise à l'hôpital Sainte-Eugénie de Lille, dans le service de M. Hallez dont nous avions l'honneur d'être l'interne. Il s'agissait d'un homme de 38 ans, qui présentait des traces cicatricielles d'une plaie ancienne, au niveau de la région postérieure et inférieure du cou, plaie consécutive à une contusion violente de cette région.

A la suite de ce traumatisme, peu à peu surtout depuis huit mois avant son entrée à l'hôpital, étaient survenues des douleurs au niveau des dernières vertèbres cervicales, avec déformation appréciable de la colonne vertébrale.

En même temps, le membre supérieur droit s'atrophiait progressivement, et principalement les muscles du bras et ceux qui forment le moignon de l'épaule, à tel point que ces muscles ne répondaient plus à l'électricité, sauf toutefois le deltoïde et le biceps. Cette atrophie, d'après notre maître, relevait de la compression des nerfs du bras droit, à leur passage à travers les vertèbres malades. En effet, la maladie siégeait surtout sur le côté droit des vertèbres cervicales. Peu à peu, et en quelques mois, le bras gauche devint malade à son tour. Le patient y ressentit d'abord des douleurs fulgurantes, analogues aux douleurs de l'ataxie locomotrice. Bientôt les muscles du moignon de l'épaule gauche s'atrophièrent, à la manière des muscles du bras droit, si bien que le malade présentait une atrophie des deux bras, prédominante du côté droit. Après quelques mois, l'affection vertébrale s'abcéda, et le malade mourut, dans un état de cachexie très prononcée, avant que les membres inférieurs aient présenté la moindre altération pathologique.

Notre maître, M. Hallez, avait, durant le cours de cette affection, porté le diagnostic de mal cervical avec pachyméningite secondaire et compression de la moelle. En un mot, notre observation était en tous points identique aux faits relatés par MM. Charcot et Michaux.

A l'autopsie, on fut très étonné de trouver la dure-mère saine et l'absence de compression de la moelle. Il n'y avait aucune trace de pachyméningite. Les lésions siégeaient, en dehors de la dure-mère qui était saine, dans les vertèbres et leurs articulations (4 dernières vertèbres cervicales). Là siégeaient les lésions manifestes de l'arthrite fongueuse. Le côté droit était seul malade, et on notait nettement l'altération des nerfs du plexus brachial, à leur passage dans ces divers foyers fongueux. Leur altération par compression expliquait l'atrophie du bras droit.

En examinant la moelle, nous ne constatâmes à ce niveau aucune compression, cependant elle était altérée et présentait un foyer de myélite. M. Hallez pensa que ce foyer myélitique était le résultat de la névrite des nerfs droits, qui s'était propagée à la moelle (névrite ascendante).

D'autre part, les nerfs du côté gauche n'étaient nullement comprimés, en effet les vertèbres et leurs articulations étaient saines. M. Hallez pensa que la prise secondaire des nerfs gauches était due au foyer de myélite qui avait adultéré les racines intramédullaires de ces nerfs.

Cette observation peut rentrer dans le cadre des faits de myélite secondaire à une névrite ascendante et simule en tous points la pachyméningite cervicale, décrite par M. le professeur Charcot et son élève Michaux.

Note sur le développement de l'utérus et du vagin et particulièrement du museau de tanche.

(Société de biologie, 26 janvier 1884.) — En collaboration avec M. le professeur Tournuex.

Avant la publication de ce travail, en collaboration avec notre maître M. le professeur Tourneux. l'histoire du développement embryonnaire du museau de tanche n'était nullement connue.

Nos recherches ont démontré que. vers le 6ᵉ mois lunaire. lorsque le conduit génital s'est déjà nettement différencié en une portion supérieure, utérine, tapissée d'un épithélium cubique simple, et en portion inférieure vaginale remplie d'un cordon plein formé de cellules épithéliales pavimenteuses stratifiées, on voit apparaître, vers l'extrémité supérieure de ce cordon cellulaire, un bourgeon lamelleux disposé en forme de cupule, à concavité supérieure, qui s'enfonce dans l'épaisseur des parois du tube génital et y délimite un mamelon conique représentant la portion vaginale du col de l'utérus. C'est le museau de tanche.

Comme l'a indiqué nettement Meckel, qui a étudié la surface vaginale du museau de tanche, mais à une période ultérieure à celle que nous avons décrite, cette surface se montre inégale et ridée jusqu'à la fin de la vie fœtale.

Développement de l'utérus jusqu'à la naissance.

Thèse de Doctorat, 1884.

Les mémoires de J. Muller. Rathke, Valentin, Kobelt, Follin, Thiersch. Leuckart. Hiss, Gasser, Borhaupt. Waldeyer. etc.. avaient fait connaître l'histoire des premiers développements des canaux de Muller jusqu'à l'époque de leur fusionnement. sur la ligne médiane, en un tube unique, le *conduit utéro-vaginal* ou *conduit génital* de Leuckart.

Mais leur évolution ultérieure n'était nullement connue. C'est une lacune que nous avons essayé de combler en étudiant, d'une manière méthodique, stade par stade, la structure du conduit utéro-vaginal, surtout en ce qui concerne l'évolution de son extrémité supérieure, c'est-à-dire de l'utérus.

Nous avons démontré que, chez le fœtus humain, au 3e mois lunaire, une modification intéressante permet déjà de distinguer nettement, d'après la structure de l'épithélium, cubique simple à la partie supérieure, pavimenteux stratifié à la partie inférieure, les portions du conduit génital qui deviendront bientôt, d'une part l'utérus, d'autre part le vagin.

Nous n'insistons pas, dans ce court résumé, sur les détails histologiques qu'on pourra lire *in extenso* dans notre thèse inaugurale.

Il est pourtant impossible de passer sous silence cette formation si intéressante du museau de tanche, dont nos planches donnent une idée fort exacte et dont notre description avait fait l'objet tout récemment d'une communication à la Société de biologie (voir le résumé du précédent travail par Tourneux et Legay).

Des transformations particulières s'opèrent dans la structure épithéliale de la muqueuse de l'utérus.

L'épithélium de l'utérus, formé d'une couche unique de cellules épithéliales cylindriques, diminue de hauteur à partir du 3e mois (30 µ) jusqu'au 8e mois de la vie fœtale (25 µ). La hauteur des cellules diminue au fur et à mesure que vous les considérez en un point plus rapproché du col, et c'est par une transition graduelle que s'opère le passage de l'épithélium prismatique de l'utérus à l'épithélium pavimenteux du vagin. Après le 8ᵉ mois lunaire le passage devient brusque comme chez l'adulte.

Les rachis des arbres de vie apparaissent dès le début du 4ᵉ mois lunaire dans la portion utérine du conduit génital. Les sillons qui partent de ce rachis n'apparaissent que vers le milieu du 5ᵉ mois lunaire.

Vers le 9ᵉ mois lunaire, l'épithélium du canal cervical subit, au voisinage de l'orifice externe, une transformation dite muqueuse. Les éléments cylindriques qui le constituent s'allongent, deviennent transparents et subissent une dégénérescence très marquée.

Aux points occupés par cet épithélium muqueux, on voit des follicules glandulaires venir s'ouvrir à la surface même des plis de l'arbre de vie ou dans les sillons limitants.

A aucune période de la vie fœtale, les cellules de l'utérus, celles du col comme celles du corps, ne présentent de cils vibratiles.

Les glandes de l'utérus n'existent pas à la naissance.

Paroi du conduit génital. — La différenciation de la paroi utérine du conduit génital en muqueuse et en musculeuse n'apparaît nettement qu'au début du 7ᵉ mois lunaire.

Pendant toute la vie fœtale le conduit génital décrit une courbe dont la concavité regarde en avant. Dans les derniers mois, le corps, situé en dehors du petit bassin, est en antéflexion nettement prononcée sur le col.

Leçons sur le développement et l'histologie normale du tissu osseux, par M. le professeur Tourneux.

Recueillies par le Dʳ Lagay (*Bulletin scientifique du Nord*, 1885).

Préparateur du cours d'histologie, nous fûmes chargé à

cette époque d'un certain nombre de coupes histologiques de tissu osseux d'embryons, os longs, os courts, os plats.

M. le professeur Tourneux, qui avait bien voulu nous adjoindre à ses recherches, tira de ces travaux des résultats particulièrement intéressants.

Toutefois, en vue de son enseignement, il préféra les faire paraître sous forme de leçons qu'il nous chargea de recueillir et de publier.

Résumé de cette publication : L'ossification a toujours lieu par un processus uniforme, qu'elle se développe au sein du tissu cartilagineux ou dans un tissu conjonctif préexistant. Le fait fondamental est l'apport par les vaisseaux, et le long de leur paroi, de cellules spéciales, les ostéoblastes, cellules tirant leur origine du feuillet moyen et dont la fonction est de sécréter l'os.

Mémoire sur le développement de l'utérus et du vagin, envisagé principalement chez le fœtus humain.

En collaboration avec M. le Professeur Tourneux *Journal de l'anatomie et de la physiologie*, juin-juillet 1885.

Ce mémoire est le premier travail d'ensemble sur la question du développement de l'utérus et du vagin.

Nos recherches sur les premiers stades embyronnaires des conduits de Muller cadrent exactement avec celles des autres auteurs, J. Muller, Rathke, Lilienfeld, sauf en ce qui concerne la participation du sinus urogénital dans la formation de ces conduits. Pour les stades ultérieurs, nous n'avions trouvé dans les auteurs que des renseignements épars, sans description méthodique et suivie.

Notre travail est divisé en trois parties :

1° Fusion des extrémités inférieures des conduits de Muller. Formation du canal génital (canalis genitalis de Leuckart), ou utéro-vaginal ;

2° Division du canal génital en utérus et en vagin. Évolution secondaire de ces organes, envisagée chez des fœtus humains de plus en plus développés ;

3° Conclusions.

Il n'est pas possible de donner, dans ce court résumé, des détails particuliers sur chacun des nombreux fœtus qui nous ont servi pour cette étude ; nous tracerons à grands traits les résultats généraux de ce travail.

Les conduits de Muller, compris entre le sinus urogénital et les insertions wolffiennes des ligaments de Hunter (ronds) donnent naissance au vagin et à l'utérus (corps et cornes). Ce sont les segments inférieurs de ces conduits qui en se fusionnant sur la ligne médiane donnent le canal unique, utéro-vaginal, dont les parties supérieures divergentes, situées entre le sommet du cordon génital et les ligaments ronds, fournissent les cornes utérines.

La fusion des conduits débute à la partie moyenne du cordon et progresse à la fois en bas et en haut.

Ce sont les extrémités inférieures divergentes des conduits de Muller qui se fusionnent en dernier lieu. L'*hymen double*, ou l'hymen unique : résulte de la persistance chez la femme adulte de ce stade de divergence.

Nous n'insisterons pas sur l'histoire de l'évolution de la partie utérine du conduit génital qui, pour les stades ultérieurs jusqu'à la naissance, a été résumée dans un chapitre précédent, à propos de notre thèse inaugurale. De même pour le développement embryonnaire du museau de tanche que nous avons résumé succinctement mais nettement.

L'évolution embryologique du vagin avait déjà été traitée dans nos précédents travaux ; pour éviter des répétitions nous nous sommes réservé de la résumer exclusivement à cette place.

La portion inférieure ou vaginale du canal génital est tapissée par un épithélium pavimenteux stratifié qui se continue par une transition graduelle avec l'épithélium de la portion supérieure ou utérine. Ces variétés épithéliales résultent de modifications locales de l'épithélium primitif des conduits de Muller.

A mesure que le canal génital s'allonge et s'aplatit d'avant en arrière, les parois épithéliales opposées du vagin s'accolent et se soudent de bas en haut. Vers le cinquième mois lunaire, la lame épithéliale résultant de cette soudure donne naissance au bourgeon lamelleux, en forme de cupule, qui représente la portion vaginale du col de l'utérus.

La surface vaginale du museau de tanche est inégale pendant toute la période fœtale (Meckel, Guyon). La lèvre antérieure déborde inférieurement la lèvre postérieure.

Peu après la délimitation du museau de tanche, les cellules pavimenteuses qui composent la lame épithéliale du vagin augmentent de volume, et subissent une prolifération des plus actives, dont le résultat est la distension considérable et rapide des parois de ce conduit ; sur la coupe, les cellules les plus centrales se désagrègent et se détachent.

Cette multiplication exagérée des éléments de la lame épithéliale, s'exerçant également dans le sens de la longueur, modifie supérieurement la forme du museau de tanche et des culs-de-sac qui le limitent et refoule l'extrémité inférieure rétrécie du vagin dans le vestibule : c'est la saillie vaginale ou hyméniale.

Les bourrelets transversaux du vagin (plis ou rides) se dessinent par des bourgeons de la lame épithéliale qui s'enfoncent dans l'épaisseur de la muqueuse. Quant aux papilles choriales, elles ne se montrent à la surface des bourrelets qu'au voisinage de la naissance.

Six planches accompagnent ce mémoire et montrent les transformations que subissent aux différents stades de leur évolution l'utérus, le museau de tanche et le vagin.

Sur un cas d'uréthrite non blennorrhagique compliquée d'épididymite.

En collaboration avec le D' LEGRAIN (*Annales des organes génito-urinaires*, octobre 1892).

Cette observation vient à l'appui de la théorie qui admet la pluralité des uréthrites.

A côté de l'inflammation gonococcienne de la muqueuse uréthrale, il existe des inflammations dépendant d'autres bactéries, surtout les microcoques pyogènes.

Dans cette observation, où une épididymite est venue compliquer l'uréthrite, le pus uréthral contenait surtout deux espèces bactériennes signalées dans le pus des écoulements uréthraux et pas de gonocoques.

Contribution à l'étude du muguet (muguet sous-glottique).

En collaboration avec le D' LEGRAIN (*Archives de médecine*, 1892).

Paris. — Typ. Chamerot et Renouard, 19, rue des Saints-Pères. — 1894